Pequeñas Estrellas

El ballet de las pequeñas estrellas

Un libro de El Semillero de Crabtree

Taylor Farley y Pablo de la Vega

¡Es sábado!
Tenemos clase de **ballet**.

Me pongo un **leotardo** y zapatillas de ballet.

Usamos una **barra** para hacer ejercicios de calentamiento.

Practicamos nuestras **posiciones**.

Primera posición

Talones juntos, dedos hacia fuera.

Segunda posición

Pies separados, brazos abiertos.

Tercera posición

Un pie frente al otro, tocándose.

Cuarta posición

Un pie frente al otro con un espacio entre los dos.

Quinta posición

Sin espacio entre los pies. Ambos brazos arriba formando un **óvalo**.

La maestra de ballet espera que hagamos nuestro mejor esfuerzo.

Cuando sea mayor,
usaré **zapatillas de puntas**.

¡Nos encanta el ballet!

Glosario

ballet: El ballet es un tipo de danza.

barra: La barra es un barandal pegado a la pared. Las bailarinas de ballet usan la barra para entrenar y hacer ejercicios.

leotardo: Un leotardo es una prenda de vestir ajustada y elástica que se usa para hacer ejercicio o bailar.

óvalo: Un óvalo tiene una forma redonda y alargada, como un huevo.

posiciones: Las posiciones son distintas posturas que puede adoptar tu cuerpo.

zapatillas de puntas: Los bailarines de ballet usan zapatillas de puntas para poder pararse sobre las puntas de sus pies.

Índice analítico

Apoyos de la escuela a los hogares para cuidadores y maestros

Los libros de El Semillero de Crabtree ayudan a los niños a crecer al permitirles practicar la lectura. Las siguientes son algunas preguntas de guía que ayudan a los lectores a construir sus habilidades de comprensión. Algunas posibles respuestas están incluidas.

Antes de leer:

- **¿De qué piensas que tratará este libro?** Pienso que este libro es sobre ballet. Quizá nos enseñará cómo aprenden ballet los niños.
- **¿Qué quiero aprender sobre este tema?** Quiero conocer los movimientos del ballet. También me pregunto qué ropa usan los bailarines de ballet.

Durante la lectura:

- **Me pregunto por qué...** Me pregunto por qué los bailarines de ballet hacen ejercicios de calentamiento.
- **¿Qué he aprendido hasta ahora?** Aprendí que hay cinco posiciones de ballet. También aprendí que los bailarines usan leotardos y zapatillas de ballet.

Después de leer:

- **¿Qué detalles aprendí de este tema?** Aprendí que los bailarines de ballet deben practicar mucho. Toman clases con maestros de ballet.
- **Lee el libro de nuevo y busca las palabras del vocabulario.** Veo la palabra *leotardo* en la página 4 y la palabra *barra* en la página 7. Las demás palabras del vocabulario están en las páginas 22 y 23.

Library and Archives Canada Cataloguing in Publication

Title: El ballet de las pequeñas estrellas / Taylor Farley y Pablo de la Vega.
Other titles: Little stars ballet. Spanish
Names: Farley, Taylor, author. | Vega, Pablo de la, translator.
Description: Series statement: Pequeñas estrellas | Translation of: Little stars ballet. |
Translated by Pablo de la Vega. | "Un libro de el semillero de Crabtree". | Includes index. |
Text in Spanish.
Identifiers: Canadiana (print) 20210096179 | Canadiana (ebook) 20210096187 | ISBN 9781427131560
(hardcover) | ISBN 9781427131744 (softcover) | ISBN 9781427135995 (read-along ebook)
Subjects: LCSH: Ballet—Juvenile literature.
Classification: LCC GV1787.5 .F3718 2021 | DDC j792.8—dc23

Library of Congress Cataloging-in-Publication Data

Names: Farley, Taylor, author. | Vega, Pablo de la translator.
Title: El ballet de las pequeñas estrellas / Taylor Farley y Pablo de la Vega.
Other titles: Ballet of the little stars. Spanish
Description: New York : Crabtree Publishing Company, 2021. | Series: Pequeñas estrellas - un libro de el semillero de crabtree | Includes index. | Audience: Ages 5-7 | Audience: Grades K-1 | Summary: "If you think you might like ballet, this book covers the basics on clothing, rules, and skills for beginner ballet stars"-- Provided by publisher.
Identifiers: LCCN 2020056681 (print) | LCCN 2020056682 (ebook) | ISBN 9781427131560 (hardcover) | ISBN 9781427131744 (paperback) | ISBN 9781427135995 (epub)
Subjects: LCSH: Ballet--Juvenile literature.
Classification: LCC GV1787.5 .F37 2021 (print) | LCC GV1787.5 (ebook) | DDC 792.8--dc23
LC record available at https://lccn.loc.gov/2020056681
LC ebook record available at https://lccn.loc.gov/2020056682

Crabtree Publishing Company
www.crabtreebooks.com 1–800–387–7650

Written by Taylor Farley
Production coordinator and Prepress technician: Samara Parent
Print coordinator: Katherine Berti
Translation to Spanish: Pablo de la Vega
Edition in Spanish: Base Tres

e-book ISBN 978-1-949354-59-1

Print book version produced jointly with Blue Door Education in 2021

Printed in the U.S.A./022021/CG20201215

Photo credits: Cover © Samuel Borges Photography; pages 2-3 © Satyrenko; pages 4-5 © Samuel Borges Photography; pages 6-7 © JoHo; page 9 © Sean Nel; pages 10-15 © D.J.McGee; pages 17 and 19 © Master1305; page 21 © Carlush.
All photos and illustrations from Shutterstock.com

Published in Canada
Crabtree Publishing
616 Welland Ave.
St. Catharines, Ontario
L2M 5V6

Published in the United States
Crabtree Publishing
347 Fifth Ave.
Suite 1402-145
New York, NY 10016

Published in the United Kingdom
Crabtree Publishing
Maritime House
Basin Road North, Hove
BN41 1WR

Published in Australia
Crabtree Publishing
Unit 3 – 5 Currumbin Court
Capalaba
QLD 4157